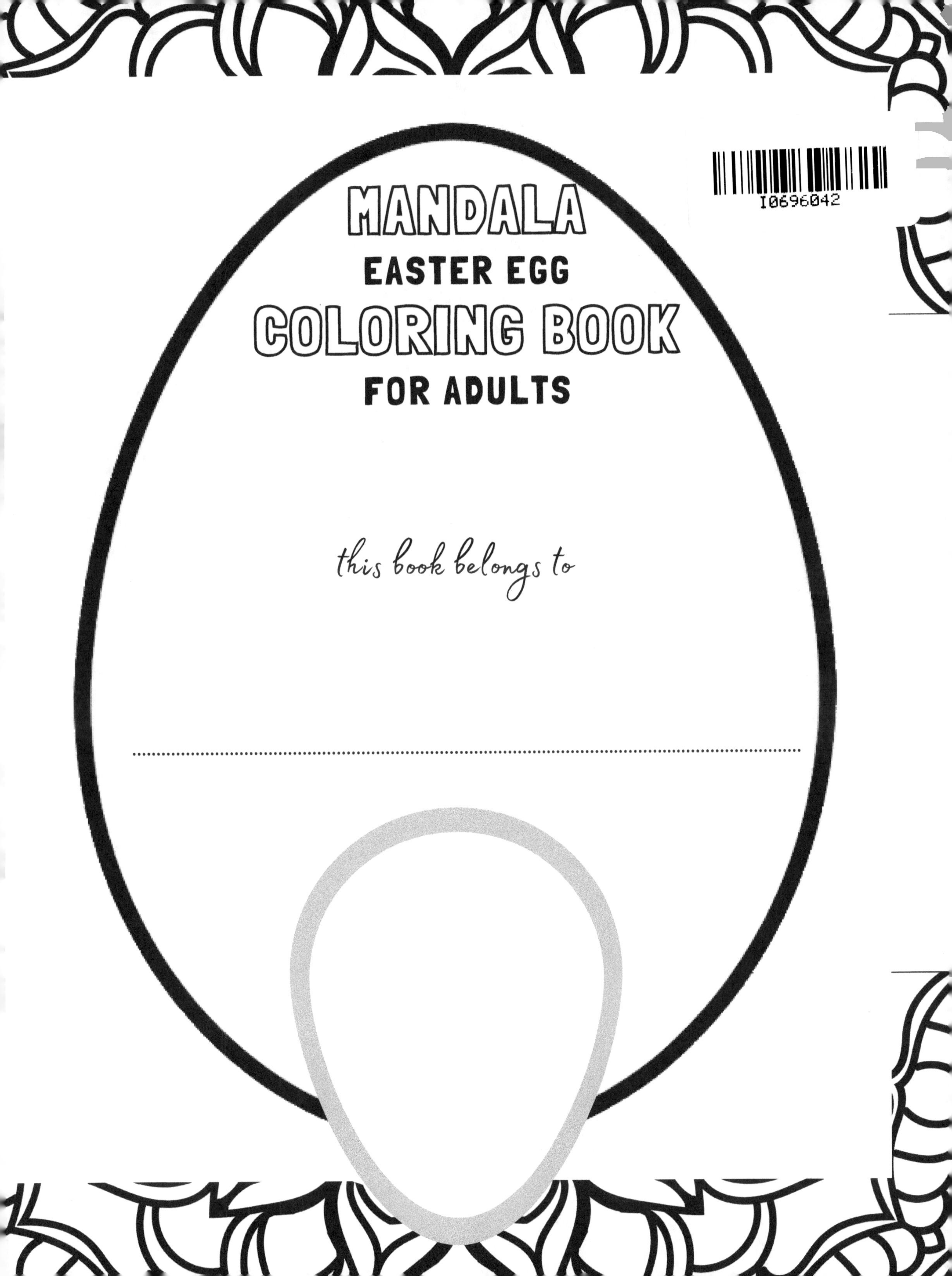

MANDALA
EASTER EGG
COLORING BOOK
FOR ADULTS

this book belongs to

keep calm and just color

keep calm and just color

keep calm and just color

keep calm and just color

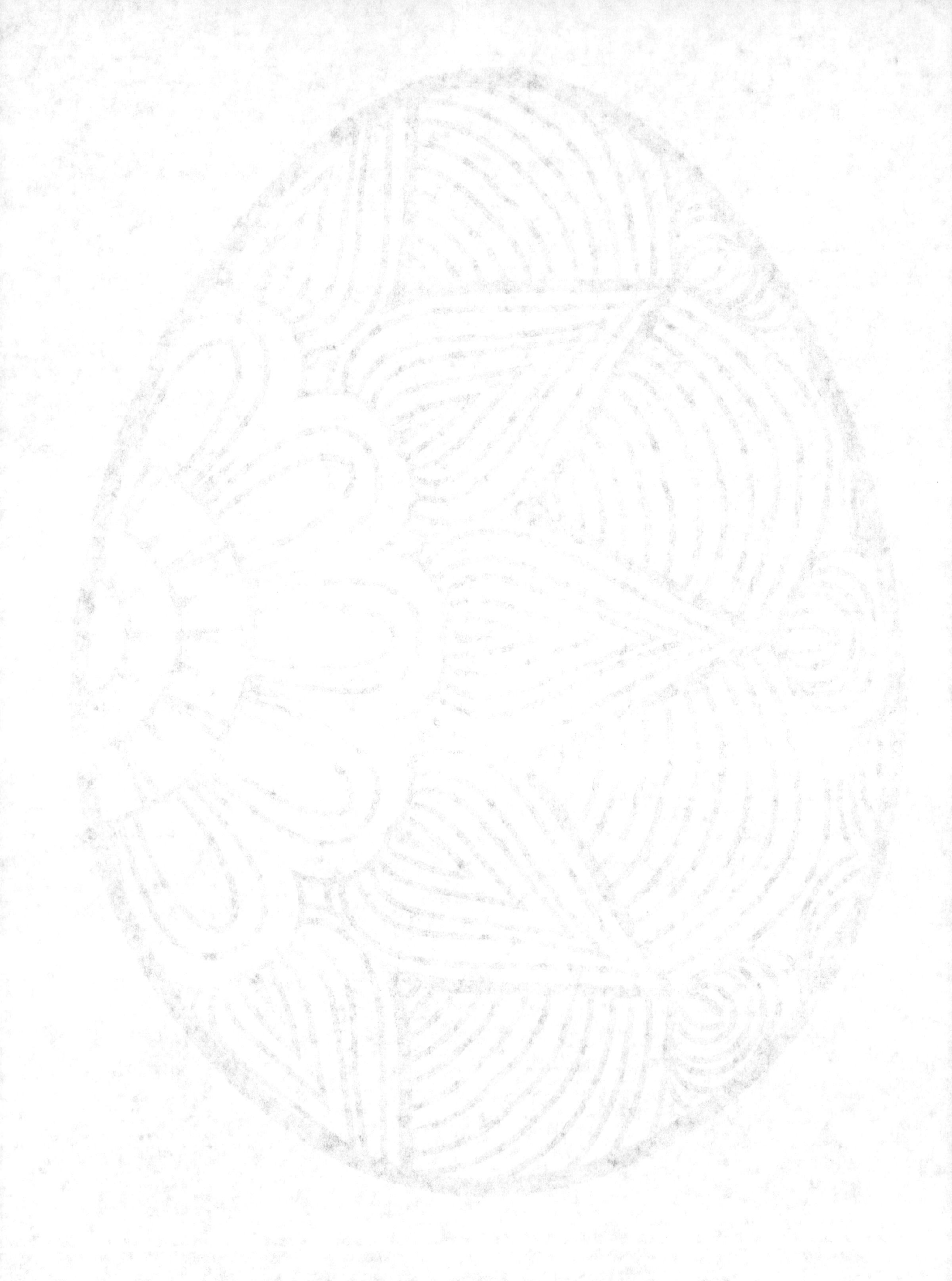

keep calm and just color

keep calm and just color

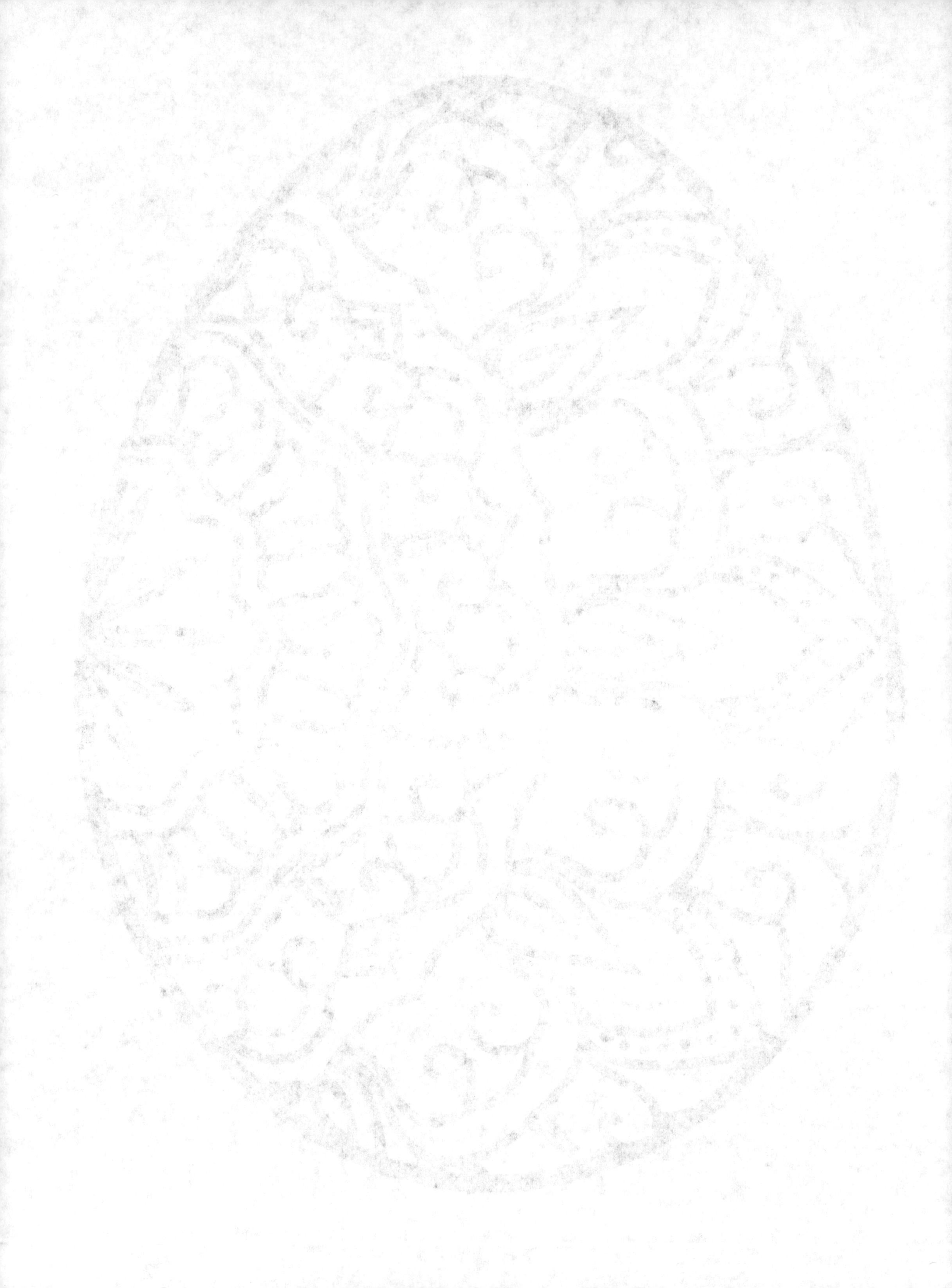

keep calm and just color

keep calm and just color

keep calm and just color

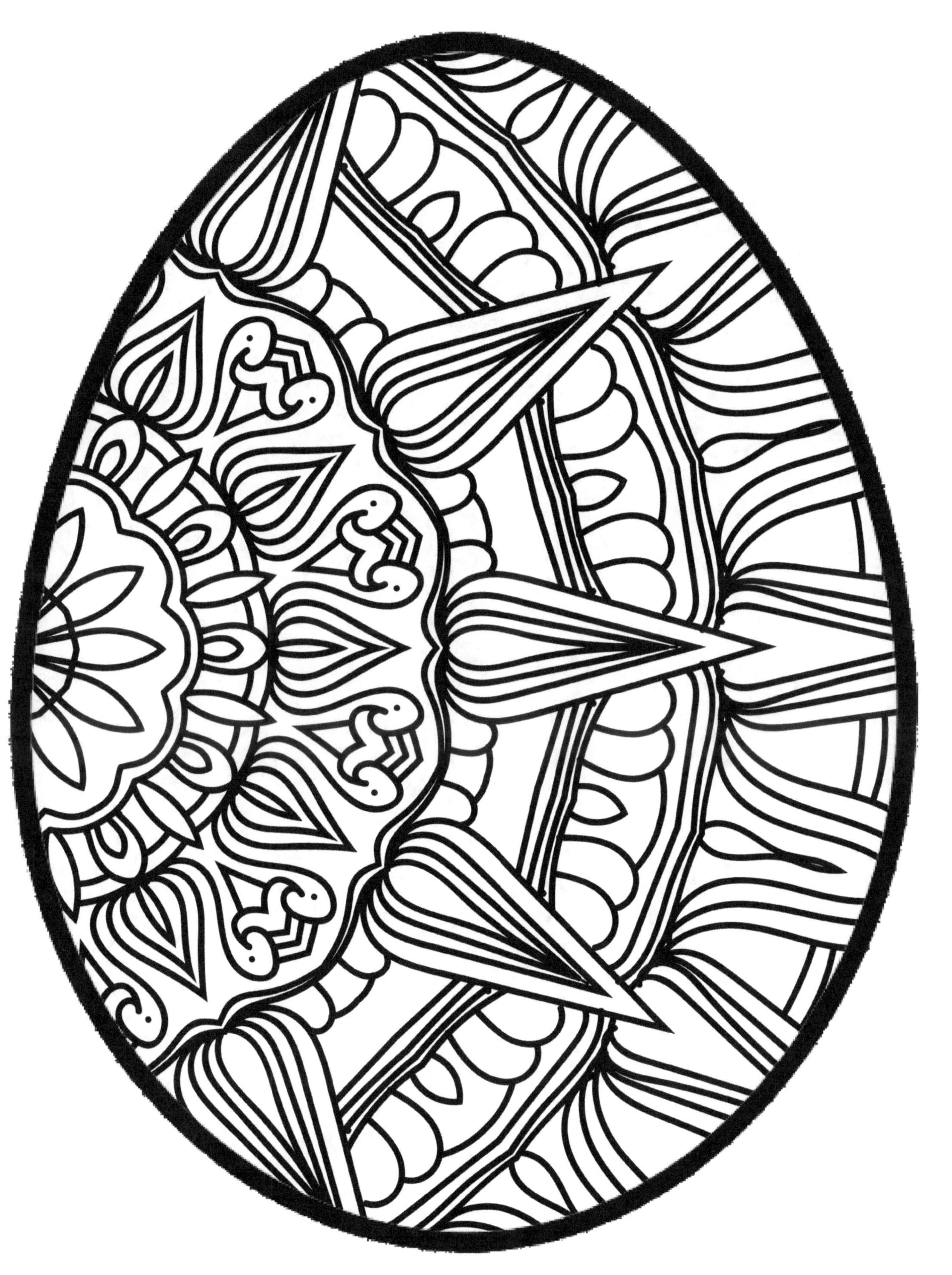

keep calm and just color

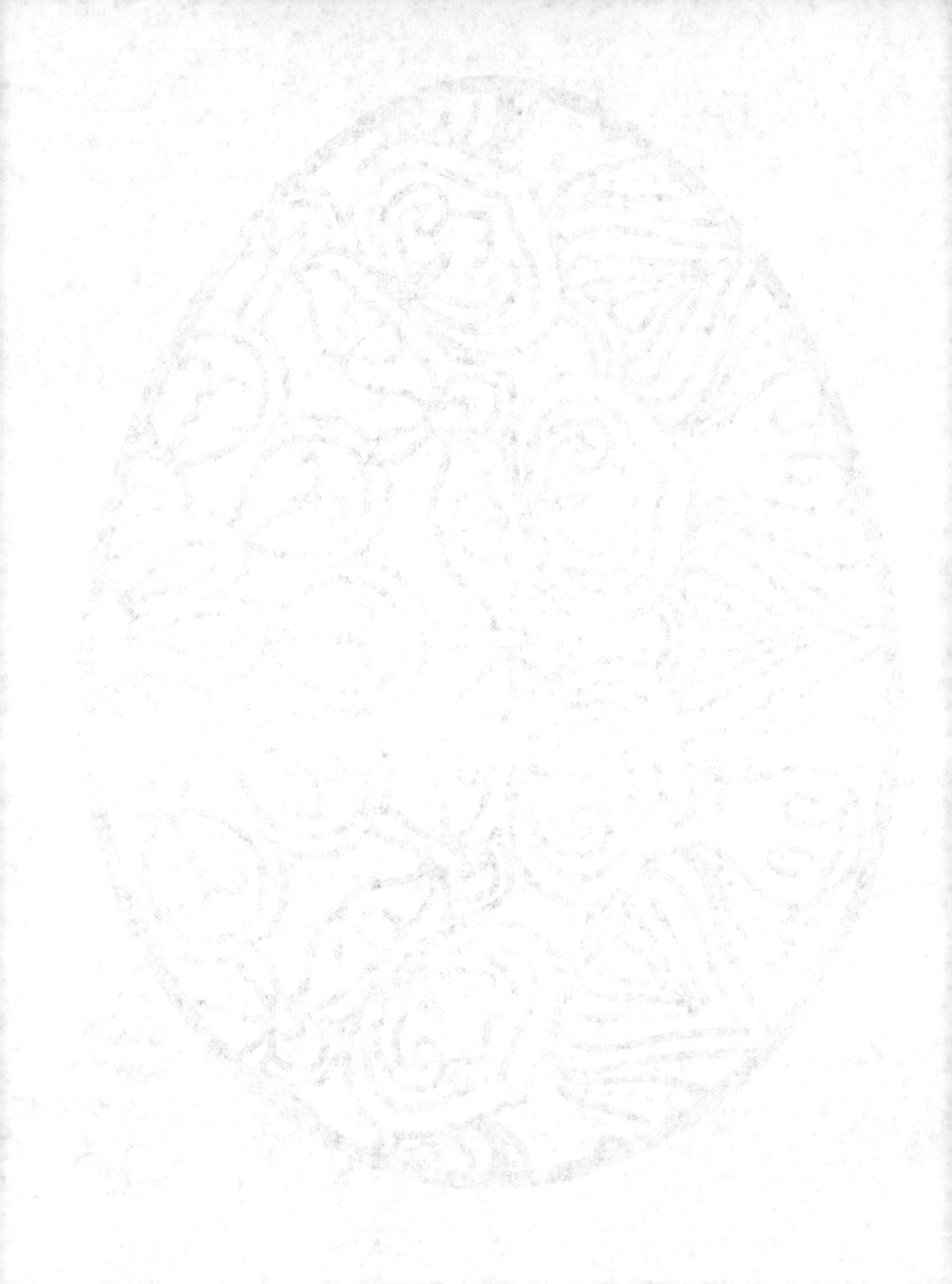

keep calm and just color

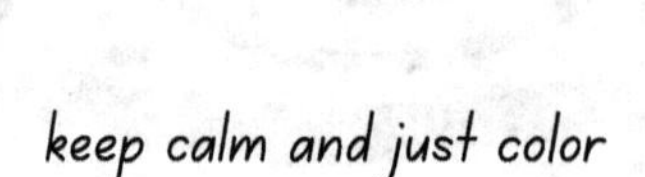

keep calm and just color

keep calm and just color

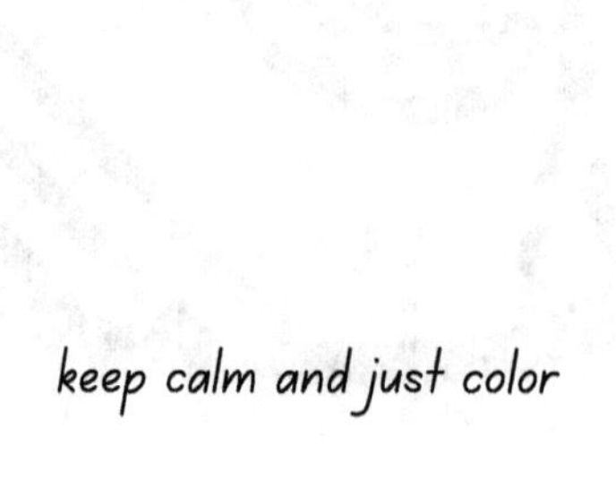

keep calm and just color

keep calm and just color

keep calm and just color

keep calm and just color

keep calm and just color

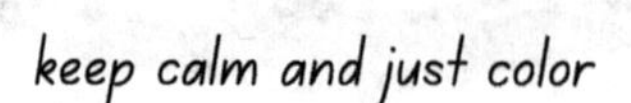

keep calm and just color

keep calm and just color

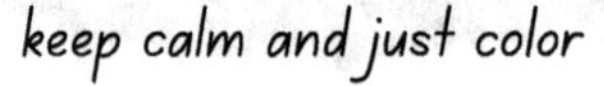
keep calm and just color

keep calm and just color

keep calm and just color

keep calm and just color